HARTMUT GÜNTHER

Spuren im Wüstensand

HARTMUT GÜNTHER

Spuren im Wüstensand

Coronalia
und andere Gedichte

Bibliografische Information der Deutschen Nationalbibliothek:
Die Deutsche Nationalbibliothek verzeichnet diese Publikation
in der Deutschen Nationalbibliografie;
detaillierte bibliografische Daten sind im Internet
über dnb.dnb.de abrufbar.

© 2021 Hartmut Günther
Titelbild: © Uwe Kleinecke
Satz, Umschlaggestaltung, Herstellung und Verlag:
BoD – Books on Demand, Norderstedt
Titelbild: © Uwe Kleinecke
ISBN: 978-3-7543-3544-4

SPUREN IM WÜSTENSAND

Wer in die Wüste geht und wiederkehrt,
ist nicht mehr derselbe.
BEDUINISCHES SPRICHWORT

Der Ursprung der Wüste

Als Allah
die Welt erschaffen hatte,
schaute er sie sich an
und nahm alles, was ihn
vom Wesentlichen ablenkte,
heraus.
So entstand die Wüste.
Von den Beduinen

AUFBRUCH

Die Arbeit, die Freunde, die Familie,
das Flugzeug, die Fähre, die Autos,
wir lassen sie hinter uns zurück.

Am Rande der Wüste warten
unsere Begleiter für zwei Wochen.
Geduldig betrachten uns die Dromedare,
aus den Augenwinkeln die Beduinen.
Neugierig und unsicher
mustern wir die Szene.

Ungeschickt helfe ich
beim Bepacken der Tiere.
Dann
reihe ich mich
in froher und banger Erwartung
in die Karawane,
die sich langsam losbewegt.

Warum mache ich das? Es wird,
sagte man mir vorher,
nichts Spektakuläres geben außer
einer Reise
zu mir selbst.

WÜSTE

Sand. Steine. Hitze.
Staub. Dürre. Fliegen.
Tonscherben. Plastikmüll. Kamelscheiße.

WÜSTENGESÄNGE

Vor dem ersten Schlafengehen
leuchtet ein kleines Feuer
zu einem kargen Essen.

Später klatschen die Beduinen
zum Rhythmus eines großen Tamburins
und singen ihre wilden Lieder.

Wir wollen auch
etwas singen,
aber
nichts Passendes
fällt uns ein, was wir alle
gemeinsam können, und so
stammeln wir
Karnevalslieder.

DER SCHAKAL

In der dritten Nacht
höre ich den Schakal
zum ersten Mal.

Er wird uns folgen
wie ein getreuer Paladin.
Seine Spuren verraten ihn am Tag,
manchmal ganz nah
an den Tritten der Dromedare.
Manches Mal nachts
beunruhigt uns
sein kurzes Heulen.

Wie es sich für einen noblen Begleiter gehört,
lässt er sich
zum Abschied
am letzten Tag
kurz sehen.

UNFASSBAR

Beim Schlafen unter freiem Wüstenhimmel
unfassbar
die unendliche Menge der Sterne,
die feierliche Stille,
die feuchte Kühle des Morgens.

Ganz neu
das alles,
ganz
anders.

Unfassbar hell.
Unfassbar still.
Unfassbar weit.

Die Augen blinzeln ins Licht.
Die Seele beginnt zu schauen.

Die Ohren folgen Gesprächen.
Die Seele beginnt zu lauschen.

Die Füße treten Sand und Steine.
Die Seele beginnt zu schweben.

WÜSTENESSEN

Zum Frühstück gibt es
aus Mehl, Wasser und Salz
auf dem Feuer frisch
gebackenes Brot, dazu
Olivenöl zum Eintunken,
Feigenmarmelade, Datteln,
eine Ecke Schmelzkäse,
Kaffee oder Tee.

Mittags entweder einen Teller
mit Gemüsesuppe oder einen Teller
mit Nudeln und einem Teelöffel Thunfisch,
zum Nachtisch einen Schnitz Melone
oder zwei Löffel Granatapfel,
zwei Schnapsgläser Tee.

Abends einen Teller Couscous,
zum Nachtisch zwei Löffel Granatapfel,
zwei Schnapsgläser Tee.

Besonders mittags
ergehen sich einige von uns
in Vorstellungen üppiger Menüs,
vor allem aber
grandioser Eisbecher.

Umgekehrt
taucht aber auch
der Gedanke auf, ob
das, was wir bekommen,
nicht schon mehr als
ausreicht.

ANKOMMEN. WEITERGEHEN

Freund, so du etwas bist,
so bleib doch ja nicht stehn:
Man muss aus einem Licht
fort in das andre gehn.
ANGELUS SILESIUS

Ankommen. Weitergehen.
Mehr geschieht nicht.
Und ist doch nicht Routine.
Ernst und Freude,
Zweifel und Gewissheit
in die Gesichter gemalt.

Ankommen. Weitergehen.
Mehr geschieht nicht.
Und ist doch nicht Routine.
Wir werden wieder Nomaden,
was wir schon immer waren.
Gemeinsames Schweigen,
gemeinsames Sprechen darüber.
Lösungswege deuten sich an
für den inneren Nomaden.

Ankommen. Weitergehen.
Mehr geschieht nicht.

Und ist doch nicht Routine.
Reduktion auf das Nötigste,
das, was wirklich nötig ist.
Freude, dass das geht,
und immer von neuem das
Staunen über die Schönheit
des Lichts, der Stille,
der Unendlichkeit der Wüste.

KRAFT DER WÜSTE

Wie nah wir uns schon gekommen sind
nach so wenigen Tagen
durch den Zauber der Wüste.

Nun wird sie uns helfen,
Unnötiges wegzuwerfen,
Mitgeschlepptes mit Sand zu bedecken,
Belastendes aufzulösen,
Frieden zu machen mit dem,
was war.

STILLE HÖREN

Allein: du mit den Worten,
und das ist wirklich allein.
<small>GOTTFRIED BENN</small>

Allein und bei sich sein.
Zuhause? Höchstens
ganz früh, bevor
das Lärmen und Geplapper
losgeht, oder ganz spät, wenn
sie alle nichts mehr sagen oder
in irgendwes Armen
schweigend Betrieb machen.

Aber wenn du
wirklich
mit dir allein bist,
dann
füllt sich etwas in dir.
Du horchst,
wo es nichts zu hören gibt,
hörst die Stille.

Der beste Platz dafür
ist die Wüste. Geh weg
von der Karawane, steige

auf die übernächste Düne oder
besser noch auf eine dahinter und
horche,
horche,
horche,
wie schön es ist, wenn man
nichts hört. Und dann
kannst du in dich hinein
horchen, plötzlich kommen
schweigende Worte über deine Lippen,
unerhört, aber wahr.

BEDUINEN

Fremd ist uns die Wüste.
Fremd sind uns die Dromedare.
Fremd sind uns die Beduinen.
Fremd sind auch wir ihnen.

Auf dem Kopf eine Kufiya.
Moktar. Massout. Belgessin.
Mudin. Mohammed. Ibrahim.

Sie führen uns
mit ihren Dromedaren
durch die Wüste.

Merkwürdig –
ein so fröhliches Völkchen
in dieser kargen Landschaft.
Man hört es nicht nur
beim Singen am Feuer.

Die Sorgfalt, mit der sie
so liebevoll
ihre Dromedare behandeln,
überrascht nicht mehr, wenn
man weiß, dass diese
nahezu ihren gesamten Besitz darstellen.

Manchmal denkt sich
mancher von uns, ob man
als Beduine
nicht glücklicher wäre.

Spuren im Wüstensand

Vielfältig die Spuren
im Wüstensand, aufregend,
schwer zu deuten.

Breit die der Karawane,
der wilden Dromedare,
breit überraschende Reifenspuren.
Schmal die Spur des Schakals,
schmaler noch die des Fenneks,
ganz schmal die der Wüstenspringmaus.
In Bögen gewunden die einer Schlange,
grazil und vielgliedrig
die Spuren verschiedener Vögel,
wie von einer winzigen Planierraupe gelegt
der Weg des Skarabäus.
Abdrücke der winzigen Füßchen von Eidechsen
mit einer Linie dazwischen,
die der Schwanz hinterließ.

Und so viel Undeutbares.

Kaum aber ist die Spur gelegt,
verweht sie
wieder der Wind, neue Zeichen
werden gesetzt und wieder
von Sand bedeckt,
verwischt wie die unseren.

DER WÜSTENWIND

Die Dünen verändern sich mit dem Wind,
aber die Wüste bleibt dieselbe.
PAULO COELHO

Der Wüstenwind.
Er baut die Dünen aus Sand
auf und wieder ab.
Er malt in ihnen.

Der Wüstenwind
wirbelt den Sand auf
und setzt ihn wieder ab,
bringt uns sanfte Kühlung,
lässt die Kopftücher flattern.

Der Wüstenwind
flaut auf und wieder ab.
Wenn er mittags einschläft,
werden auch wir schläfrig,
unter dem spärlichen Schatten
der aufgespannten Plane schwitzend.

WASSER IN DER WÜSTE

*Den wahren Geschmack des Wassers
erkennt man in der Wüste.*
SPRICHWORT AUS ISRAEL

Wasser.
In großen Kanistern schleppen
die Dromedare es für uns.
Und ist doch so wenig,
so kostbar,
nur zum Trinken.

Die erste Zisterne
am dritten Tag, aber nur um
die Dromedare zu tränken.
Wir schauen zu,
das allein erfrischt.

An der nächsten Zisterne
drei Tage später
fließt kein Wasser
und wir ziehen weiter.

Vier Tage später gibt es
an einer weiteren Zisterne
für jeden von uns
drei Eimer Wasser über den Kopf.

So erquickend diese Dusche,
auch wenn nach 10 Minuten
alles schon wieder trocken ist.

Mitten in den Sanddünen –
abermals vier Tage später –
eine Anpflanzung
ganz junger Dattelpalmen.
Aus einem Schlauch mit wenig Druck
kann jeder zwei Minuten lang
lauwarmes Wasser aus 100 Metern Tiefe,
gefördert durch eine solarbetriebene Pumpe,
über Kopf und Körper laufen lassen –
welch exquisite Wohltat!

Der Sand der Sahara

Der Sand der Sahara.
So unglaublich fein
wie gemahlenes Mehl.
Von Moment zu Moment
changierende Farben, von
weiß zu gelb, von
grau zu rot, von
hell zu dunkel.
Den Füßen ist er bisweilen
ein fester Grund,
oft aber sinkst du ein
bis zu den Knien.

Der Sand der Sahara.
Aufgetürmt zu Dünen
in abertausend Formen,
vom Wind über die Kanten geblasen,
zu Windhosen sich drehend,
Rippen bildend, glatte Flächen,
Kuhlen, Kurven, Abhänge.

Der Sand der Sahara.
Wenn der Wind kräftig auffrischt,
wird alles verändert
und der feine Puder sticht
wie mit tausend Nadeln
und drängt sich in alles hinein,
Schuhe, Hosen, Nase, Mund,
Haare, Wimpern, Augen.

HINGEBEN AN DIE WÜSTE

Immer häufiger
zieht es einige abends hinaus,
um fernab der anderen
ihr Inneres der Wüste auszuschütten,
manch einer schreiend,
manch eine in Tränen,
um
in der unfassbaren Stille,
im leuchtenden Licht des Mondes,
unter dem mit Myriaden Sternen
funkelnden Firmament
sich hinzugeben
der Macht des ALL-EIN – Seins.

TRÜGERISCHES MONDLICHT

Eine Woche lang
ist das Licht des Mondes so hell,
dass es starke Schatten wirft.
Eigentlich
kann man gut sehen.
Aber die Büsche, die Dünen,
die Dromedare,
alles sieht ganz anders aus
als am Tage.
Gut, dass die Beduinen immer wissen,
wo wer seinen Schlafsack hat
und den Weg zeigen –
der Schakal wartet ja vielleicht nur
auf nächtlich Verirrte.

HALO

Mitten in der Nacht
steht der volle Mond
über mir –
genau im Zenit.

Ich schaue, das Bild
überwältigt mich.
Ein ungeheuer großer,
so nie gesehener Halo
umgibt ihn.
Innerhalb dieses Kreises
verblassen alle Sterne.

Er ist so riesig,
mit einem Radius von
wohl mehr als 15
Monddurchmessern.

Merkwürdig, dass ich
diesem grandiosen Schauspiel
mathematische Begriffe zuordne.

GANG DER SONNE
ÜBER DER WÜSTE

Morgens
erst leises Dämmerlicht,
dann schwelende Glut am Horizont,
plötzlich
steigt sie auf,
erst rot,
bald gelb,
dann golden.

Mittags
ganz hoch,
ganz hell,
ganz heiß.

Abends
immer wieder
ein neues Schauspiel, wenn sie
untergeht, rot glühend,

um
erneut aufzugehen,
morgens.

DANK

Dankbarkeit.
Das Gefühl vom ersten
bis zum letzten Tag.

Das zu erleben.
Niemand fällt aus.
Alle teilen ihr Erlebnis
mit allen.

Die Wüste. Nie
werde ich sie
vergessen können.

ZULASSEN

Die Kunst eines erfüllten Lebens
ist die Kunst des Lassens.
Zulassen. Weglassen. Loslassen.
ERNST FERSTL

LOSLASSEN

I

Das Loslassen, so verkünden
Lebensberater, Yogis, Gurus,
Tausende von Webseiten
geldsaugender Scharlatane,
das ist die Kunst, die du
lernen musst, um
glücklich zu sein.

Dann wollen wir jetzt mal kräftig
einen loslassen.
Ups – das war wohl
nicht gemeint,
auch nicht, am Straßenrand
das Kind an der Hand
oder in der Felswand das Seil
mit dem Mitkletterer unter sich
loszulassen.

Nein, nein! Es geht
nicht darum, dass du (Subjekt)
irgendetwas (Akkusativobjekt)
loslassen sollst, sondern
irgendetwas (Subjekt)
soll dich (Akkusativobjekt)
loslassen, du bist nicht
das Subjekt, sondern

das Objekt
des Loslassens.

Aber dass die
Ratgeber, Gurus, Heilsprediger
etwas von Grammatik verstehen, ist
eher unwahrscheinlich.
Nimm alle Kraft zusammen,
rufen sie dir zu,
um endlich loszulassen,
begrabe das, was du
nicht zu brauchen glaubst,
stampfe darauf herum,
schreie ganz laut
„ich will das loslassen",
oder wirf es
mit aller Kraft
in den Fluss
oder ins Feuer.

Die Devise, die sie dir
mitgeben, heißt Nein. Du sollst
etwas endlich und
endgültig abwehren.
So, als wäre, wenn du
es geschafft hättest, damit
alles gut, weil das alles
ja nicht mehr da ist, wenn du
mit aller Kraft
losgelassen hast. Aber
hast du das nicht schon immer
vergeblich gemacht?

II

Manchmal, ganz selten,
wenn du
fern des Lärms
unter einem herrlichen Himmel
an einem kleinen Feuer sitzt,
oder hoch über dem Tal
auf einem Baumstumpf,
aber manchmal auch
mittendrin im lauten Getriebe
passiert es, dass du
auch den fernen Hund nicht mehr bellen,
die Vögel nicht mehr zwitschern,
die Straßenbahn nicht mehr kreischen,
die Menschen nicht mehr plappern hörst.
Alles fällt von dir ab
und du bist
selig in dir
im Universum
allein.

III

Was ist passiert?
Nicht du hast etwas
losgelassen,
du hast nichts gemacht,
nichts weggeschrieen,
nichts verbrannt,
nichts vergraben,
nichts versenkt.

Alles
hat dich
losgelassen,
denn du hast es
zugelassen.

LUTHERS THEOLOGIE

Lass ab vom
Ablass, du findest damit keinen
Einlass ins Paradies, sagt Luther,
Gottes Gnade aber sei dir ein
Anlass, Sünden zu
unterlassen und andere zu
veranlassen, sie auch
fortzulassen, aber es nicht dabei zu
belassen,
sondern deine Seele
aufzulassen,
um den Geist Gottes
einzulassen,
der versprach, dass deine Sünden
erlassen sind, wenn du nur glaubst,
weil Er seinen Sohn hat kreuzigen
lassen und es deshalb bei der Schuldvergebung
belässt,
ohne dass er dein eigenes Handeln
als Verdienst gelten
lässt.

Schwer zu fassen.
Luther sagt, dass Gott mir meine Sünden
erlässt, wenn ich nur glaube. Das
lässt mich nicht schlafen, weil ich
tun kann oder auch
lassen, was auch immer, aber
glauben muss ich.

Mit dem richtenden Gott
haben mich solche Fragen kalt
gelassen,
weil ich wusste,
dass ER Recht hat,
darauf konnte ich mich
verlassen.

ROSENMONTAG BORNHEIM (RHEINLAND) AM 4.3.2019 UM 12.30 UHR

I

Die Königstraße, durch die
sonst um diese Zeit
Auto an Auto schleicht,
kann man heute
ohne nach rechts und links zu schauen
sicher überqueren. Nur Jecken
sind zu sehen, die meisten
phantasievoll verkleidet, teils
auch nur mit einem albernen Hütchen,
einige bloß phantasielos
sich selbst darstellend. Viele
tragen Getränke bei sich,
nehmen schon mal einen Schluck, um
sich auf das Event einzustimmen, während sie
der Straßenbahn zustreben, denn
sie wollen in Köln den Zoch erleben.

II

Die Königsstraße, in der sich
gestern noch der hiesige Zoch
durch eng zusammenstehende Jecken
gewunden hat, die anders als anderswo
dem stürmischen Winde trotzten
– die Zeitung brachte schöne Bilder –,
ist übersät von Karnevalsmüll:

Papierschlangen, Konfetti, kleine
Feiglinge und Plastiktüten (leer),
Bonbonpapier, nicht goutierte
Popkorntütchen, runtergefallene
Würstchen und anderes Wurfmaterial
der durch die Stadt treckenden
Karnevalisten; viele
Glasscherben und alles
durch den nächtlichen Regen
richtig schön eingemanscht, dreckig,
klebrig, bräunlich, das blieb
vom Karnevalssonntag,
bei manch einem
sieht es im Inneren
wohl nur wenig anders aus.

III

Die Königsstraße sieht doch sonst
viel besser aus. Aber vielleicht
verstehst du das nicht. Der Dreck danach
gehört dazu. Denn im Karneval
kann man sich einmal im Jahr
richtig gehen lassen. Da gibts dann
natürlich auch dies oder das, was es
eigentlich nicht geben sollte, aber
die Hauptsache ist doch, dass
die meisten
ihren Spaß hatten.

IV

Du verstehst es immer noch nicht? Dann
müsstest du einmal auf die andere Seite
wechseln, im Zoch mitgehen, erleben, wie
die Zuschauerwände, durch die du treckst,
so gut drauf sind, Dich und nur Dich
sehen wollen, wie Du Kamelle schmeißt oder
Strüssches oder bützt oder was auch immer, sie
jubeln und allafen, wenn sie einfach
alles vergessen, wie höchstens noch
beim FC im Stadion oder manchmal
beim Sex. Wieso
sollen sie das nicht dürfen …
wenigstens einmal im Jahr …

SCHLAPP

Eigentlich
wolltest du noch
etwas Schönes
machen, aber dann
kam irgendwas angeflogen,
und dann blieb
das Gewollte liegen,
ungemacht, und du
hast lieber
etwas anderes
gemacht,
was aber auch
keinen Spaß
gemacht hat.

Bist ja nicht
krank, draußen
scheint sogar die Sonne, das
macht dich erst recht
wütend, aber
du bist zu schlapp, um
dagegen
etwas zu
machen.

WHO TOO?

Als ich beim morgendlichen
Zeitungslesen mich äußern wollte
darüber, dass mir die Sache mit der
(Nicht-)Ausladung des Placido Domingo
wegen *me too* und dass überhaupt
all das irgendwie ...
unterbrach mich meine Frau
und bemerkte, während sie
einen Löffel ihres morgendlichen
Gesundheitsgemenges
in den Mund schob: „Wenn Männer"
sagte sie, „keine Männer mehr sein dürfen,
ist das auch nicht erstrebenswert".

ZEITVERLUST

Du bist früh genug losgegangen, aber
die Bahn fällt aus. Wie gut, dass du
vorsorglich eine früher geplant hattest. Aber
als du dann drin bist in der Bahn, liest du
auf deinem Handy, dass der, den du
treffen wolltest, ein ähnliches Problem hat.
Nun hast du also Zeit gewonnen, aber
was machst du jetzt damit? Du könntest
ein Gedicht lesen oder auch
eines schreiben. Aber irgendwie
ärgerst du dich, und es wird nichts damit.

Wieso eigentlich? Warum ist eine Pause, die du
nicht selbst geplant hast, ein Ärgernis? Warum
fängst du nichts
mit der gewonnenen Zeit an?

Deutsche Parteien

I

Partei ergreifen – gut und schön, aber welche?
Parteiisch sein ist ohnehin verpönt. Aber
partout dagegen sein, auch, und wenn die
Partnerin eigentlich dafür ist, durchaus
partizipieren will, wie soll dann die
Party ablaufen, auf der du die neue
Partei gründen willst?

Was gibt es denn so,
eventuell
ist ja doch etwas
für dich dabei.

II

SPD, das ist die Älteste, und heißt
Sozialdemokratische Partei Deutschlands.
Also nicht nur
demokratisch, sondern auch
sozial. Ist denn aber
nicht allein die Idee einer Partei
sozial?

III

CDU, das heißt
christlich-demokratische Union. Was

ist eine Union, was bedeutet demokratisch
wirklich (die Schwester CSU lässt das
auch wohlweislich weg), und was zum Teufel
ist christlich?

IV

FDP, das heißt
Freie Demokratische Partei. Auch ohne
Pünktchen zwischen den Buchstaben. Dass
es eine freie Partei ist, erfreut. Aber
das sollten ja alle Parteien sein,
andererseits.

V

Die Grünen … also das
ist ja schon mal als Parteiname
irgendwie unmöglich, wie
hört sich das denn an: DG?
Andererseits
macht es vielleicht den Unterschied aus,
dass man den Namen
nicht kürzen kann.

VI

Die Linke: Das mit dem Namen
ist natürlich ganz anders als bei den Grünen, weil
man überhaupt nicht auf das Kürzel DL
kommen will, denn das sind ja alles
Kommunisten, die sich nur anders

genannt haben, damit irgendein Trottel
sie schon mal mit, sagen wir,
der SPD verwechselt,
wie gesagt, nur ein Trottel.

VII

AfD: Das ist schon wegen der
ungewöhnlichen Minuskel im Namen
etwas schwierig. Was wäre denn
eine Alternative zu Deutschland? Man könnte
zum Beispiel auswandern oder
den Namen der BRD ändern,
aber daran,
etwas wirklich zu ändern, ist hier
wohl eher nicht gedacht, ganz
im Gegenteil.

HERMENEUTIK

Dieses Gedicht
hat keinen Sinn.
Nun fühl mal hin,
vielleicht stimmts ja nicht,
und es ist doch einer drin?
Ganz bestimmt gibts einen Sinn
in diesem Gedicht.
Oder nicht?

GEDANKEN ZU WORTEN DES YOGI

We should learn to contain our negativity.
God gave you the negative mind just to see
through where you can be damaged.
God didn't give the negative mind
to become negative.
YOGI BHAJAN

GNOTHI SEAUTON

Wenn du die Wunder
– sagt der große Yogi Bhajan –
draußen suchst,
das führt dich nicht weiter.
Das größte Wunder ist
die Erkenntnis des Lichts
in dir selbst. Also
geht es zuerst darum,
dich selbst zu erkennen.

Wie wahr! Stand nicht aber
am Apollotempel zu Delphi
in zwei Worten auch schon
dasselbe,
hatte nicht schon Sokrates,
darauf anspielend, gesagt,
dass es lächerlich sei,
das Fremde zu erforschen, ehe
man sich selbst erkannt hat?

Nosce te ipsum,
wiederholt in
Millionen Schulstunden,
– griechisch, lateinisch, oder deutsch –
aber kaum jemand,
weder Lehrer noch Schüler,
scherte sich drum.

Also pilgern sie
gegen teure Honorare
zu denen, die
das verstanden haben
– oder verstanden zu haben vorgeben –,
um sich die uralte Weisheit
ein weiteres Mal
um die Ohren hauen zu lassen.

Aber schon Sokrates bezweifelte,
dass er die Forderung
erfüllt hat.

ALLES IN DIR

Alle Weisheit
– sagt der große Yogi Bhajan –
ist in dir, alles Wissen,
alle Stärke. Es gibt nichts, was du
von außen bekommen kannst. Es muss
einfach ausgelöst werden, etwa durch
Yoga.

Aber wenn mir das nicht liegt,
diese Körperübungen und
die Philosophie dahinter, wenn
meine ganze Erziehung, mein
ganzes Wissen, mein ganzes Selbst
anders funktioniert, wenn
ich diesen Auslöser nicht benutzen will,
wie kann ich dann dennoch die
Weisheit, Wissen und Stärke finden,
die ja alle
in mir ruhen,
wie er sagt?

Ich denke schon, dass
ich das finden kann,
und ich glaube, dass
auch der große Yogi das weiß, denn
„es führen über die Erde
Straßen und Wege viel,

aber alle haben
dasselbe Ziel"
sagt Hermann Hesse und fügt hinzu,
dass man
den letzten Schritt
zu diesem Ziel
allein gehen muss.

AM ANFANG WAR DAS WORT

Am Anfang war das Wort, aber
– sagt der große Yogi Bhajan –
es heißt nicht: Am Anfang
war Gott. Denn es war
am Anfang das Wort, weil
in jeder Sekunde
in Raum und Zeit
dein Wort zählt,
denn dein Geschick
ist geschrieben
in deinem Wort.

„Und das Wort war bei Gott,
und Gott war das Wort", so
geht es weiter am Anfang
des Johannesevangeliums.
Wenn also
in jeder Sekunde
in Raum und Zeit
dein Wort allein zählt,
dann deswegen, weil
Gott in dir ist.

KONFLIKTLÖSUNG

Zuerst gibt es irgendwann
– sagt der große Yogi Bhajan –
ein ernstes Problem. Das führt dann
zu einer Krise.
Davon kannst du
richtig neurotisch werden und
sie nicht mehr bewältigen.
Wenn dann alles
zu einer Psychose wird, kann
die Krise dein Selbst zerstören,
aber wenn du
Logik und Vernunft
auf sie anwendest,
kannst du über
die Pros und Kontras
nachdenken, sie
für dich betrachten und
eine Lösung finden.

Wow! Statt himmlischer,
spiritueller oder gar
esoterischer Angebote
einfach nur die
abendländische Lösung.

SEI DU

Ich wünsche mir,
– sagt der große Yogi Bhajan – dass du
du wirst. Wenn
du einmal wirklich
du bist, wirst
du glücklich sein, und sobald
du glücklich bist, kannst
du jedermann glücklich machen. Das
ist nicht schwierig.

Nicht schwierig? Wer bin
ich, wie finde
ich es heraus, oder wer hilft
mir beim Finden, und wenn
ich genau weiß, dass
ich zum Beispiel im Grunde
ein fauler Sack bin oder dass
ich eigentlich lieber mit Gewalt
meinen Weg gehe oder dass
ich furchtbar empfindlich bin,
oder, oder, oder …

Das ist das Ärgernis
mit den Ratgebern. Man
möchte da lang gehen, wohin
sie einen weisen. Aber
warum kommt man

nur selten
oder auch gar nicht
an?

VERPFLICHTUNG

Wir haben keine Verpflichtung
– sagt der große Yogi Bhajan –
gegen irgendjemanden, wir
schulden niemandem irgendetwas.
Aber
wir haben eine Verpflichtung
gegenüber uns selbst, uns
selbst zu lieben. Denn
der Sinn des Lebens ist
glücklich zu sein.

Das kann man natürlich
so oder so lesen, aber wenn man
einmal verstanden hat, was
Liebe
heißt, kann man das
nur auf eine Weise lesen.

WÜNSCHE

Du brauchst eigentlich keine Nahrung,
– sagt der große Yogi Bhajan – aber
du brauchst Befriedigung.
Du brauchst keinen Reichtum, aber
du brauchst Erfüllung.
Du möchtest gar nicht großartig sein, aber
du möchtest Anerkennung erfahren.
All das aber – sagt der große Yogi Bhajan –
zeigt, dass dein ganzes Konzept
vom Leben als Mensch basiert ist auf
falscher Erziehung. Was
du dir wünschst ist nicht das,
was du brauchst.

Aha. Nur die richtige
Erziehung, und schon
fluppt es.
Das
kann es doch wohl
auch nicht sein.

CORONALIA

*(Es war im Jahre 1348), als in die herrliche
Stadt Florenz ...
das tödliche Pestübel gelangte, welches – entweder
durch Einwirkung der Himmelskörper entstanden
oder im gerechten Zorn über unseren sündlichen Wan-
del von Gott als Strafe über den Menschen verhängt
– einige Jahre früher in den Morgenlanden begonnen,
dort eine unzählbare Menge von Menschen getötet
hatte und dann, ohne anzuhalten, von Ort zu Ort sich
verbreitend, jammerbringend nach dem Abendlande
vorgedrungen war. Gegen dieses Übel half keine
Klugheit oder Vorkehrung, obgleich man es daran
nicht fehlen und die Stadt durch eigens dazu ernannte
Beamte von allem Unrat reinigen ließ, auch jedem
Kranken den Eintritt verwehrte und manchen Rat-
schlag über die Bewahrung der Gesundheit erteilte.*
GIOVANNI BOCCACIO, DECAMARONE (EINLEITUNG)

CORONALIUM I – MÄRZ 2020

I

Dieses Virus, wie man es
auf Fotografien
bestaunen kann,
ist einfach
ästhetisch
atemberaubend.

II

Als am Frühstückstisch
die Frage aufkam, ob es
das Virus heißt oder der,
bemerkte meine Frau,
während sie ihre
Gemüsesuppe löffelte:
„Natürlich der! Zu solchen
Gemeinheiten
sind nur Männer fähig".

III

Aber in schwierigen Zeiten
gehen einem Ästhetik und
grammatische Richtigkeit
doch völlig am Arsch vorbei, weil beides
jetzt wirklich keine Rolle spielt,
weshalb auch Entbehrliches wie

Theater, Museen, Konzertsäle und ähnliches,
aber auch Schulen und Universitäten
geschlossen werden.

IV

Das Decamarone des Giovanni Boccaccio
entstand, als in Florenz
die Pest wütete, die wohl
erheblich wirkungsvoller war als,
soweit wir bisher wissen, COVID 19.
Wir verdanken diesem Buch einige der
schönsten, der lustigsten und auch der
erotischsten Erzählungen der Weltliteratur.
Mal sehen, ob auch das Coronavirus
zu so wunderbaren Texten führt.

V

Wo aber sind angesichts dieser
durchaus bedrohlichen Lage
Redner wie Martin Luther oder
Abraham de Santa Clara, die uns
deutlich sagen, dass diese Krise
menschgemacht ist und daher
der Mensch Buße tun, das heißt
umkehren
soll? Was ja nicht nur
für das Virus gilt – aber da
überlässt man das Feld lieber
einem Mädchen aus Schweden,
nicht ohne sich mit ihm

publikumswirksam
ablichten zu lassen.

VI

Stattdessen eine
geradezu wunderbare,
deshalb aber auch
irgendwie gespenstische
Allianz der Vernunft.
Politiker hören, was
Wissenschaftler sagen, und richten
ihre Handlungen danach, was
vor nicht allzu langer Zeit
ja auch von Demonstrierenden
gefordert wurde. Gegen das Virus
ist übrigens bisher
noch nicht
demonstriert worden.

VII

Was aber ist denn da vernünftig?
Wenn man, statt alles auf
Verlangsamung zu konzentrieren,
Beschleunigung richtig optimieren würde,
wie das ja – sagte man uns
doch immer – in dieser Zeit
notwendig ist, weil sonst alles
zusammenbräche, dann wäre es doch
viel sinnvoller, die Seuche richtig
ausbrechen zu lassen, was zudem

– wegen der Sterblichkeit der Ü70,
chronisch Kranker und sonstiger Entbehrlicher –
die Rentenkasse,
die Pflegeeinrichtungen und somit
uns alle
richtig entlasten würde.

VIII

Unsere zeitgenössischen Politiker, deren
rhetorische Begabung recht gering ist – was
angesichts der entsprechenden Fähigkeiten von
seinerzeit Hitler oder Goebbels
vielleicht gar nicht so zu bedauern ist –
greifen angesichts der Bedrohung
durch das Virus ziemlich wahllos
zu drastischen Worten. Es gehe
um Leben und Tod; wir befänden uns,
ist zu hören, mitten im Krieg.

IX

Krieg. Das ist die gewaltsame
Auseinandersetzung zwischen Staaten,
Völkern, Stämmen, wobei hier
bestimmte Regeln menschlichen
Verhaltens wie z.B. die
Einhaltung des fünften Gebotes
nicht mehr gelten. Aber
was ist denn das für eine
missglückte Metapher, wenn

der Feind
kein Mensch ist?

Kriege wurden immer von Menschen
gegen Menschen geführt. Dabei werden
vor allem junge Männer
verheizt,
was zwar volkswirtschaftlich
eher unsinnig ist, aber mit alten Säcken
ist halt kein Krieg zu gewinnen.
Nehmen wir also unsere Politiker
beim Wort, dann wäre es doch
viel sinnvoller, uns Alte in diesen
„Krieg" zu schicken, in dem man
niemanden umbringen muss.
Vielleicht sich selbst. Aber
das ist ja ohnehin
ein Faktum für jeden, der in den
Krieg zieht, und das haben
die jungen Männer
doch schon immer gewusst.

X

Was ist vonnöten?
Besonnenheit, Gelassenheit, Fröhlichkeit,
diese drei, aber die Fröhlichkeit
ist die Wichtigste unter ihnen.

XI

Einige in Deutschland allerdings
finden diese Situation
einfach nur echt Scheiße.
Deshalb horten sie
Klopapier.

CORONALIUM II – ANFANG APRIL 2020

Und setzet ihr nicht das Leben ein,
nie wird euch das Leben gewonnen sein.
FRIEDRICH SCHILLER

I

Nun dürfen wir also
das alles nicht mehr, was
unser Leben so lebenswert machte, und
man weiß nicht, wann und ob
wir es überhaupt je wieder dürfen wegen
einer allen Anstrengungen der Wissen-
schaftler
zum Trotz unbekannten Gefahr, auch
unbeschadet der besänftigenden
Aussagen unserer Politiker, die
das alles wohl nach bestem Wissen
und Gewissen
verfügt haben.

II

Die Erhaltung jeglichen Lebens
um jeden Preis, auch den, dass das
viele andere die Existenz kosten kann,
scheint eine dramatische Umkehrung der
in Deutschland bis 1945 und anderswo
bis heute gültigen Idee zu sein, dass

ein Menschenleben nichts zählt, nur
die Idee, das Volk, der Sieg.

III

Da haben wir jetzt
ein neues Virus, das – sagen
uns die Virologen, die von ihrer Sache
wirklich was verstehen – deswegen so
gefährlich ist, weil man es bisher
nicht kennt. Aber gilt das nicht
von allem, was wir Neues erfahren, und
stellen wir deshalb immer
erstmal die Arbeit ein?

IV

Es ist die Angst vor dem,
was kommt und was
man nicht bestimmen kann. Aber
„als alles vorbei war …“, schreibt
Elisabeth Borchert in einem
ihrer wunderbaren Gedichte,
„setzten wir uns und warteten
auf das, was kommt“. Mehr
können wir ohnehin
nicht tun, aber
wir tun es, weil wir glauben und hoffen
können. Da war doch noch was?
Ach ja, 1. Korinther 13, 13.

V

Leben ist
lebensgefährlich. Gestorben
wird immer, weil das
zum Leben
dazugehört. Die Zahlen,
die man liest, sagen deshalb
eigentlich herzlich wenig,
weil eine Meldung über
gerade, während dies Gedicht entsteht,
2374 Corona-Tote in der BRD
den Berichtenden viel wichtiger
scheint als z.B., dass
– na rechnen Sie mal aus, wieviel Prozent
2374 Tote bei 83 Millionen sind.
Und sollten es dann später, wie man las,
bis zu 250.000 werden, sind das immer noch
ziemlich wenige (rechnen Sie nochmal). Aber
vielleicht ist Ihnen das
noch immer zu schwierig, dann
erhöhen wir einfach auf 830.000, das
müssten Sie ja noch rauskriegen.

VI

Dann schreiben Sie 100 Namen
in eine nummerierte Liste
oder auf 100 Kärtchen.
Neben Ihrem eigenen und dem
der von Ihnen am meisten
geliebten Person (kann

entfallen, wenn nicht existent)
noch irgendwelche
aus Ihrem Adressbuch, dazu weitere
von Prominenten, Bekannten, Nachbarn o.ä.,
vielleicht auch von solchen, denen Sie eher
die Pest an den Hals … aber von denen
nicht zu viele, sonst klappt das
mit dem Zufall nicht mehr!
Mit Hilfe eines Generators aus dem Netz
bestimmen Sie eine Zufallszahl
zwischen 1 und 100
oder ziehen eine Karte
aus dem sorgfältig
gemischten Haufen.
Dann gucken Sie nach, wen es erwischt.
Falls der Zufall
die falsche Person oder
am Ende gar Sie selbst
bestimmt hat, machen Sie das
einfach nochmal, weil da ja wohl
irgendein Fehler
vorgelegen haben muss.

VII

Wir befinden uns in einer Situation, die
die klassische Tragödie zum Thema hatte. Man
kann nichts – weder als Ober- noch als
Untertan – richtig machen, weil, ohne
es gewollt zu haben, wir alle mit
schuldig sind an dem, was uns
widerfährt. Dummerweise sind wir aber

nicht nur Zuschauer, die durch das
auf dem Theater Gespielte
eine Katharsis erfahren könnten, sondern
wir spielen selbst mit.
Zu hoffen
wäre freilich, dass
genau das
eine viel stärkere Wirkung hätte
als einfach nur eine
Theateraufführung.

VIII

Sprache, das weiß man und
verdrängt es deswegen
gerne immer wieder, ist
verräterisch. Neben dem schönen
neuen Abschiedsgruß „bleiben Sie gesund",
der so viel persönlicher ist als die bisherigen
lieben, freundlichen, verbindlichen Floskeln
hat auch der Slogan „Gesundheit geht vor"
Konjunktur. Man kann ihn
so gut verwenden, weil man nicht
spezifizieren muss, was hinter dem „vor"
kommen soll. Vergnügen? Fußball? Umarmung?
Liebe? Geschäft? Wirtschaftswachstum?
Kirchenbesuch? Demokratie?
Freiheit?

IX

Dies ist kein Gedicht
gegen das, was
die Politiker verfügt haben.
Es ist ein Gedicht
gegen uns alle,
gegen unsere Feigheit,
gegen unsere Gewöhnung an das gute Leben.
Gegen den Glauben, alles im Griff zu haben.
Gegen die Idee, die Zahlen im Computer wüssten alles.
Gegen die Idee, Globalisierung sei die Lösung statt Ge-
meinschaft.
Gegen das gedankenlose Vorsichhinleben.
Aber
vielleicht ist es auch ein Gedicht
für das, was wirklich zählt,
für eine andere Zukunft,
für ein Nachdenken über das, was geht.
Für unsere Kinder und Enkel.

X

Denn hatten wir Ü70 bisher nicht
ein wunderbares Leben, sollten wir nicht
unsere Dankbarkeit dafür
an euch weitergeben, damit ihr
an einer besseren Zukunft
weiter arbeiten könnt, auch wenn
wir dabei vielleicht
draufgehen?
Die meisten sagen, dass wir das

wohl besser nicht machen.
Warum eigentlich nicht?

XI

Befremdlich an dem, was in den letzten Wochen
in Deutschland vorging, ist, dass die Maßnahmen
abgeschaut wurden von China, einem Land,
in dem, wie unsere Politiker – jedenfalls, wenn sie
wieder zuhause sind und die wichtigen
Geschäftsverträge abgeschlossen haben –
nicht müde werden zu betonen, Menschenrechte
mit computergestützten Überwachungen
mit Füßen getreten werden. Dieses Land
nehmen wir jetzt also als Vorbild dafür,
wie man das richtig macht, warum man
Grundrechte der Verfassung
– wie gesagt, nach bestem Wissen
und Gewissen –
aufheben zu müssen glaubt.

XII

Aber ist die Alternative
wirklich zu verantworten, hunderttausende
Alte und Kranke zu opfern, damit
alles so weitergehen kann wie bisher? Wobei
ein solcher Umgang mit COVID 19
zudem einen ziemlich
euthanasischen Beigeschmack hätte. Sieht so
unsere Ethik aus, dass wir unsere Computer
ausrechnen lassen, wie viele Tote

es geben wird und welche wir
verkraften können, damit
das Geschäftsleben
weiter brummt?

XIII

Dragoslav Stepanovic 1992:
Lebbe geht weider.

CORONALIUM III – OSTERN 2020

I

Verlängerung! Das ist
in den Pokalspielen im Fußball
der Hit. Da muss man sich als
Spieler und als Zuschauer
nochmal richtig reinhängen.
Manchmal bleibt die Sache
trotzdem unentschieden. Dann
gibt es Elfmeterschießen
bis zur endgültigen Entscheidung.
Auch mit dem Virus?

II

Die leeren Straßen
ohne lärmende Autos
können einen schon ängstigen, obwohl
man sich vorher etwas weniger
Krach gewünscht hatte. Seit der
Verlängerung ist auch zu beobachten, dass
das freundliche Grüßen und ein fröhliches
Gespräch in gehörigem Abstand
weniger üblich geworden ist. Manche
drehen sogar den Kopf, weil man ja
den bösen Blick
abbekommen könnte.

III

Gerade als unsere Regierung im März
nach bestem Wissen (wenig) und
Gewissen (hoffentlich viel)
Maßnahmen ergriff, erschien
im Sprachdienst der Gesellschaft für
deutsche Sprache ein Heft über
gendergerechte Sprache. Man sieht,
dass es überall mit der Planung
nicht mehr so recht hinhaut, wenn
plötzlich ein Virus sich einschleicht quasi wie
das Genderbezeichnungs*sternchen.

Aber wenn nun
diese Sprachpolizei, sei sie
weiblich oder männlich, die unsere Sprache
nach ihrem Gutdünken verändern und
uns sagen will, wie wir
politically correct
zu reden haben … wenn die
plötzlich
die Möglichkeit hätte, in schwierigen
Situationen außer Versammlungsverboten
zum Beispiel auch in ihrem Sinne
sprachliche Vorschriften zu
erlassen? Davor habe ich
entschieden mehr Angst als vor dem
Coronavirus.

IV

Wie denn überhaupt einiges
sprachlich Liebgewonnene
irgendwie unstimmig wird. Wir
über 70jährigen sagten und hörten gern, dass
man so alt sei, wie man sich fühle. Aber
Gefühle passen nicht in
Vorschriften und Statistiken,
und deshalb ist unsereins
plötzlich Mitglied einer Gruppe,
ohne jemals das Risiko
eines Beitritts
erwogen zu haben.

V

Vor einem Pfarrhaus las ich
vor einiger Zeit einen schönen Satz.
Er lautete: Wenn du Gott
zum Lachen bringen willst, musst du ihm
von deinen Plänen erzählen. Dann
sollten wir und unsere Politiker
ihn doch wenigstens
bei Laune halten.

CORONALIUM IV – VOR DEM 1. MAI 2020

I

Langsam gehen mir
die Worte aus, weil
so viele umherschwirren,
einem Virus gleich, und
gleich ihm
rätselhaft.

II

Am Sonntag haben meine
Enkel und ihre Eltern
meinen in der Nähe liegenden
Garten genossen. Meine Frau
und ich haben ihnen von draußen
zugewinkt, Zaungäste
vor dem eigenen Garten.

III

Es war zu erwarten – jetzt schlägt
die Stunde derer, die anderer Meinung sind und
die herrschende Wissenschaft und überhaupt alles
(außer ihrer eigenen Ansicht) für unsinnig
halten, weil sie das tiefere
Wissen haben, das wir Unwissenden
nicht hören wollen. Verschwörungstheorien
haben Konjunktur. Selbst sonst

eigentlich eher vernünftige Freunde leiten
Texte und Videos weiter, die
schon beim Lesen oder beim Betrachten der
dozierenden Personen schlechterdings
unakzeptabel sind – um kein
unfreundlicheres Wort zu verwenden.

IV

Unsere Vernunft aber, so scheint es,
haben wir ohnehin an die Regierenden
abgegeben – die müssten es doch wissen.
Aber man sieht, dass sie selbst
nicht recht wissen, was
zu tun ist, und deshalb erst einmal
strikte Maßnahmen
erlassen und ihre Einhaltung
einfordern, damit
wir merken, dass sie handeln. Aber
gerade das mehrt die Angst
vor einer weiteren
Aushöhlung unserer
freiheitlichen Demokratie,
vor allem weil man hört,
dass es darum ja jetzt
wirklich nicht geht, weil wir doch
im Krieg sind.
Gegen wen eigentlich, vielleicht nicht
gegen ein Virus, sondern
gegen uns selbst?

V

Was in diesen Tagen zählt,
sind Zahlen. Auf ihre Monitore starrend
errechnen die Wissenschaftler,
was denn nun alles wird,
und sagen uns z.B., dass
wir mit dem Coronavirus noch
75 Jahre leben müssen. Es ist
dieser Glaube an die Ausrechenbarkeit
der Zukunft – früher besorgten das Wahrsager –,
der wirklich Angst macht, weil
er sämtliche, auch total
unmenschliche Möglichkeiten wie
Totalüberwachung, Zwangsimpfung,
Deportation und anderes,
nicht ausschließt – um der
gemeinsamen Sache willen,
versteht sich.

VI

Die Zahlen
sagen allerdings nicht, ob
nicht wir stärker sind als die
Allesberechner, ob
wir uns nicht sehr sinnvoll
und überlegt scheinbar
irrational verhalten können, weil es nicht
um mathematische Modelle geht, sondern
um ein menschliches Leben.

Wir können das, wenn
wir es nur wollen.

VII

Hier im Rheinland gibt es
im Karneval
Maskenball auf der Straße.
Haben wir
jetzt auch. Leider
wird nicht getanzt.

CORONALIUM V – MAI 2020

I

Das Gequassel über die
absurden Ideen der Verschwörer,
sogar von
kirchlichen Würdenträgern mit-
geteilt, das
ist das Unerträglichste
in diesen Tagen. Denn
auch wenn man meint, dass
man das mit einem Lächeln
wegwischen kann, bleibt doch
immer ein „wenn da nun doch was
dran ist?" hängen,
weil Angst
wesentlich infektiöser ist
als ein Virus.

II

Zu den üblichen Verdächtigen gehört einer, dem
es gelungen ist, praktisch der ganzen die
Alphabetschrift verwendenden Welt
ein grottenschlechtes Textverarbeitungssystem
namens Word aufs Auge zu drücken, notwendig
verbunden mit einem qualitativ ebensolchen
Betriebssystem. Das ist offenbar jemand,
der Geschäfte zu machen versteht. Wenn der sich nun
seit einiger Zeit auch für Impfstoffe

interessiert, ist er natürlich die beste Zielscheibe aller
Verschwörungstheoretiker, weil es ihm dann ja auch
gelingen würde, einen ähnlichen Mist
unter das Volk zu bringen, um noch mehr
Dollars zu scheffeln
wie Onkel Dagobert,
um am Ende die Weltherrschaft
zu erlangen ...
Man sollte
vielleicht doch nicht so viel
James Bond gucken,
weil es die, gegen die
der kämpft, ja in Wirklichkeit
nicht gibt.

III

Bei den Politikern wächst
eine ganz andere Angst, nämlich die
vor den einfachen Bürgern, die das alles
nicht verstanden haben, schon damals
das mit den Flüchtlingen nicht, und die
sich sehnen nach einer Zeit, in der alles,
vor allem die Zukunft,
ganz klar war, wo man
über nichts nachdenken musste, weil
die, die wir gewählt haben, das schon
richtig machen würden. Aber
die Politikerkaste, die ja für diese
Unsicherheit ganz wesentlich
mitverantwortlich ist, ist jetzt
sehr aufgeregt, weil

einige Leute zu Recht
auf ihren Rechten
bestehen wollen, vor allem weil da
auch noch die bösen Rechten
dabei sind, die ihnen den bequemen
Schaukelstuhl, ihr „wir sind wir",
streitig machen wollen. Vor was
habe jetzt ich eigentlich
die meiste Angst?

IV

Das Virus
gibt's natürlich auch noch als
Angstmacher. Im Interesse einer
objektiven Berichterstattung werden
dazu täglich Zahlen berichtet, die
in dieser Form absolut gar nichts
bringen außer, dass sie
Angst
machen. Deshalb
hofft alles auf den Impfstoff.

V

Impfen. Die Grundidee ist, dass man dem Körper
eine leichte Infektion zufügt, mit der er aber
fertig werden kann und danach gegen diesen
Erreger gefeit ist. Deshalb wird jetzt mit Fieber-
eifer
nach einem Impfstoff gegen
COVID 19 gesucht, und die meisten

Menschen glauben, dass dann alles wieder
gut wird, weil, wenn man geimpft ist,
kann einem ja nichts mehr passieren
außer einem Grammatikfehler.
Der Nachweis der nachhaltigen Wirksamkeit
von Impfungen gegen solche Viren
ist bislang aber ausgeblieben.

VI

Die meisten glauben ja auch, dass genauso,
wie man Fleisch, Bier und, sagen wir mal,
Klopapier, im Supermarkt kauft,
Gesundheit
einfach in der Apotheke
erworben werden kann.
Und dass man dafür
neben den Krankenkassenbeiträgen
auch noch Rezeptgebühr bezahlen muss, ist
sowieso eine Sauerei.

VII

Am 31. Oktober 1517
veröffentlichte der Mönch Martin Luther
95 Thesen gegen die Praktik, Seelenheil
gegen Bares zu verkaufen. Nun liegt das
Seelenheil heute den meisten
nicht mehr besonders am Herzen, eher die
Gesundheit, aber dass man die gegen
Bares kaufen kann, davon sind die meisten
überzeugt, auch, dass es gegen alles

ein Mittel gibt, ohne dass man
für das Gesundsein selbst
etwas tun müsste, und
wenn es so ein Mittel noch
nicht gibt, dann wird es
von einer gigantischen Industriebranche
bald entwickelt, da kann man sicher sein, weil
da ja Geld zu holen ist, und wenn
die Produktion in Europa
zu kostspielig ist, lagert man
sie einfach aus, auch wenn
dann plötzlich hierzulande bei
wichtigen Arzneimitteln
echte Engpässe entstehen.

VIII

Das
sind so Sachen, vor denen ich
immer wieder mal Angst habe. Aber
es hilft ein wunderbarer Satz:
Das Gegenteil von Angst
ist Liebe.

CORONALIUM VI –
NACH DEN EISHEILIGEN 2020

I

Ist dies
mein letztes Coronalium?
Denn inzwischen reden so viele
mehr
oder eher weniger
informiert über das
Virus und seine Folgen, dass
man dazu auch nicht mehr
viel sagen kann. Vor allem die
Besserwisser, die immer erst einmal
schweigen, bevor sie es
besser wissen, nerven.
Das Wissen über das Virus und
wie man damit sinnvoll umgeht,
hat allerdings kaum zugenommen.

II

Im meinem Garten sind
kleine Blaumeisen geschlüpft, die
Bohnen beginnen zu wachsen, die
Sprösslinge werden ansehnlich, die
Pfingstrosen beginnen zu blühen, die
Rosenknospen platzen auf.

III

Und das zur Erinnerung: Es ist
nicht
die Pest, und selbst, wenn
sie es wäre, wären wir darauf
besser vorbereitet als
die Menschen im Mittelalter –
bis auf unsere gleich gebliebene
Gedankenwelt, in der man
immer nach dem Schuldigen
sucht, bis man einen gefunden hat
– Juden, Chinesen,
Islamisten, Trump, Putin,
Erdogan, Gates, Zukerberg oder
wen auch immer. Dass wir alle
selbst
es sein könnten – na das
wäre ja nun wirklich
absurd.

V

Dem allfälligen Abfall auf
unseren Straßen hat sich
nach Scherben, Plastiktüten,
Süßigkeitenverpackung, Bierbüchsen,
gefüllten Hundekotbeuteln und anderem
eine neue Sorte zugesellt: Gebrauchte
Atemschutzmasken.

Coronalium VII – Juli 2020

I

Nun muss ich
doch noch einmal
coronieren,
weil die Wut und
die Traurigkeit
sonst einfach
fest in mir
stecken
blie-
ben.

II

Dass
unsere Erde in Gefahr ist,
dass
unsere Demokratie in Gefahr ist,
dass
die Art, wie wir Leben zerstören, auch uns zerstört,
dass
in sinnlosen Kriegen Hunderttausende sterben,
dass …, das alles
haben wir seit Jahren gehört, aber,
es betraf ja uns nicht, wenn
„hinten fern in der Türkei
die Völker aufeinanderschlagen",
wie es so schön im

Osterspaziergang Faustens heißt.
Jetzt aber
ist da ein Virus, das tatsächlich
jeden von uns, natürlich auch gerade
dich
treffen könnte, und deswegen
machen wir erst einmal
alles dicht, vor allem unser
Herz.

III

Angst.
Von Anfang an nichts als
Angst.
Inzwischen wissen die meisten
gar nicht mehr, wovor sie eigentlich
Angst haben. Sie
haben sie einfach und
weichen dir aus,
mit einem Blick hinter der Maske, der
nur eines verrät:

Angst.
Angst.
Angst.

IV

Der Volksmund sagt, dass Angst
ein schlechter Ratgeber ist, und auch,
dass ein Ende mit Schrecken

einem Schrecken ohne Ende
vorzuziehen sei.
Die ganze Welt hat sich, so scheint es,
an beides nicht gehalten und aus
Angst vor dem Schrecken
alles angehalten ohne
eine Idee zu haben, wie es danach
weitergehen würde. Es sieht
so aus, dass da aus
Angst
etwas falsch gemacht wurde –
Selbstmord aus Angst vor dem Tod
hat neulich jemand formuliert.
Es ist besonders beunruhigend, dass es
Wissenschaftler waren, die dazu geraten
haben, aber wenn man das laut sagt,
steht man plötzlich
in einer Reihe, in die man wirklich
nicht reingehören will, z.B. mit
Bolsonaro, Trump und all den
Verschwörungstheoretikern aus
Absurdistan.

V

Gelassenheit ist
gefordert, kein
Hurrageschrei, mit dem man
à la Langemarck
das Virus ignoriert.
Aber andererseits sind wir
offenbar eine Gesellschaft von

Angsthasen und Feiglingen, die
dann, wenn es möglicherweise
brenzlig wird, sich schon mal
weg ducken, aber jetzt
wissen wir alle nicht einmal,
wohin
und hoffen auf
die Erlösung, die die Pharmafritzen
ja ganz gewiss irgendwann
produzieren werden. Ist denn
die Idee, dass man
erst einmal an sich selbst und
seine Stärke, gerade jetzt, glauben
sollte, um diese lähmende
Angst
zu besiegen,
so abwegig?

VI

Allerdings
ist das auch nicht ganz einfach,
weil wir einer Informationsflut
ausgesetzt sind, einer
Masse von angststeigernden
Videos und Texten, die da täglich
über uns hereinbricht. Keiner
weiß Bescheid, aber alle
wissen Dinge zu berichten, und
das ist natürlich alles von
Angst
gesteuert.

VII

Aber vielleicht ist
die unkontrollierte
Aufnahme von
Informationen
das eigentliche Virus, vor dem man
Angst
haben muss, weil es so schwer
nachweisbar ist und mancher
von ihm befallen ist und es
gar nicht merkt, aber
mit den Mitteln der modernen
Informationstechnologie
alle ringsum
ansteckt.

VIII

Zig Pimpillionen
steckt man aus
Angst
in die Entwicklung von
Medikamenten oder
Impfstoffen – natürlich nur
in die anerkannte, das heißt,
von der Pharmaindustrie unterstützte
Richtung. Wenn man,
sagen wir mal,
100 Millionen davon
zur Forschung in alternative
Heilmethoden investieren würde, weil

es da ja andere sinnvolle Ideen gibt, wie
man mit solchen Dingen umgeht. Das
wäre Wissenschaftsförderung, denn
Wissenschaft ist frei. Steht übrigens
auch im Grundgesetz, aber wer
interessiert sich denn für solchen
Kinderkram, wenn man
in der Krise ist? Weshalb man
nach chinesischem Muster
eine perfekte Überwachungsapp
entwickeln will, die man dann
später für ganz andere Zwecke
gut brauchen kann.

IX

Zur Normalität zurückkehren, das
wollen alle. Aber was ist denn
Normalität? Verstopfte Autobahnen,
billige Schnitzel, Flugreisen überallhin,
überhaupt ein richtig schönes
verantwortungsloses Leben.
Vielleicht ist
das Leben mit dem Virus
und seinen Einschränkungen
dann doch
erstrebenswerter?

X

„Ich leb, und waiß nit wie lang,
ich stirb und waiß nit wann,

ich far und waiß nit wohin,
mich wundert, das ich froelich bin."
schrieb einst Martin von Biberach.
Aber
genau das
brauchen wir,
Fröhlichkeit.
Auf der Straße sehe ich
zu meinem Vergnügen
junge Frauen mit Masken, die
modisch passend
zum sonstigen Outfit
gestaltet sind.
Immerhin das!

CORONALIUM VIII –
ENDE NOVEMBER 2020

I

Die Reisewütigen sind nicht
verantwortlich für die zweite
Welle – wir haben jetzt einfach
Herbst.

II

Es wird behauptet, dass
wir über dieses Virus
immer mehr wissen.
Dass
es zum Beispiel Folgeschäden gibt
wie bei jeder Viruskrankheit.
Dass
es zum Beispiel unklar ist,
ob man angesteckt ist,
wie bei jeder Viruskrankheit.
Dass
man zum Beispiel nicht weiß,
wie es sich verbreitet,
wie bei jeder Viruskrankheit.
Dass
man überhaupt so gut wie nichts weiß,
wie bei jeder Viruskrankheit.

III

Die Medien, sprachlich voll auf
Sportberichterstattungskurs, melden
immer neue Rekorde, aber ob die es
ins Guinnessbuch schaffen? Denn da
würde ja genau nachgeprüft, ob nicht etwa
der Rekord gar keiner ist, weil z.B. in
einer der in dieser Jahreszeit üblichen
Grippewellen schon einmal
mehr Tote zu verzeichnen waren.

IV

Von den Politikern
sind nur noch Parolen vom Typus
„Blut, Schweiß und Tränen"
zu hören. Freilich: Was jeder
auch nur halbwegs fähige
Pädagoge weiß – und
irgendwie sollten Politiker das
ja auch sein –, ist, dass man
Mut
machen muss, nicht
Angst,
und natürlich nicht dadurch,
dass man sagt „das schaffen wir kaum,
höchstens, wenn", sondern dass man sagt
„wir schaffen das", aber diesen Satz –
wie damals stimmte er auch heute –
sagt leider niemand mehr.

V

Denn wenn der Sturm wütet
und das Schiff schwankt,
auf böse Küsten hingetrieben,
dann
ist es schwer für die Mannschaft
anzupacken, wenn auch
die Kapitänin und ihre Offiziere
uneins sind, wie es gehen soll, und
ratlos erst mal
die Schotten
dichtmachen.

VI

Es wird uns aufgelistet, was
wir alles nicht mehr dürfen, von dem,
was wir liebten, weil es ja extrem ernst ist, dass
man das doch einsehen müsse, dass
Kultur entbehrliches Vergnügen ist, dass
überhaupt alles, was Politiker
(je nach Couleur unterschiedlich) für das
halten, was man jetzt stoppen muss, dass
sogar der Fußball …
na also ich bitte Sie!

VII

Denn wir hören nur noch auf Zahlen, um
mit Menschen umzugehen, was – gerade
angesichts der Lage – doch wohl eher

genau andersherum
gedacht werden müsste, wobei
zudem
nicht ganz klar ist, ob nicht
die eine oder andere Berechnung
sich alsbald herausstellen wird als
Milchmädchenrechnung.

VIII

Der moderne Mensch hat aber
eine Lebensversicherung.
Schönes Wort. Und so
ticken auch unsere Regierenden. Sie
versichern uns unseres Lebens,
auch wenn sie das, was
– vor allem für Kinder und Jugendliche –
Leben eigentlich
ausmacht, krisenbedingt
leider alles ausfallen lassen.

Coronalium IX – März 2021

Aber wenn du das nicht hast,
dieses „stirb und werde",
bist du nur ein trüber Gast
auf der dunklen Erde.
Johann Wolfgang Goethe

I

Dies ist
mein letztes
Coronalium, denn
es ist eigentlich
alles schon gesagt,
Neues
gibt es nicht zu hören,
eine Endlosschleife
mag ich nicht produzieren, da
unterscheide ich mich von,
sagen wir mal,
Politik und Virus.

II

Da wurden wir aus unserer so
lockeren Lebensart harsch herunter
gelockt, dann wieder hervor
gelockert, ein weiteres Mal runter
gelockt,

dann wieder etwas
gelockerter behandelt, dann ...
Da ist man
allmählich
ziemlich
down.

III

Die Möglichkeit, dass
das Virus und diese Krise
jedem von uns
eine Chance bietet
nachzudenken,
ob unser *way of live*,
wie man so schön sagt,
vielleicht doch nicht so ganz
in die richtige Richtung geht,
und wie man mit seinem Leben
besser umgehen könnte, wird
von den meisten
– von ganz oben bis ganz unten –
vertan, denn alle
haben nur ein Ziel: Dass
es wieder so wird,
wie es war.

IV

Was ich lese ist, dass man
dieses Virus unter Kontrolle
bringen muss, und deshalb

vor allem auch uns.
In seinem Roman *1984*
schrieb George Orwell
von einem Staat, in dem
alles unter Kontrolle ist.
Der Text ist auch heute noch
gespenstisch, weshalb
jeder von uns
sich fragen sollte, ob
es denn tatsächlich unser
Ziel sein kann,
alles und jeden
unter Kontrolle zu haben, was
in einigen Staaten ja
auch heute schon
fast orwellsch
gelingt – vorbildlich
in der Sicht einiger Virus-
experten.

V

Ein, wenn nicht der zentrale,
Aspekt unseres Lebens
ist der Tod. Außer ihm
ist nichts gewiss.
Berechenbarkeit der Zukunft, welch
ein Nonsens – wenn sie wirklich
berechenbar wäre, würde,
jedenfalls mir,
das Leben keinen Spaß machen.

VI

In bedrohlichen Situationen hieß
in der Regel die Devise, den Feind
auszurotten. Aber
haben wir denn eine
erfolgversprechende Strategie,
mit einem ubiquitären Feind
umzugehen, wenn man uns als Waffen
nur Masken anbietet, zu hoffen
wie einst Wellington: Ich wollte,
es wäre Nacht oder der Impfstoff käme?
Nacht wird es täglich, aber
der Impfstoff kommt
nicht so rasch an die Menschen wie
Blüchers Preußen damals
an den Ort des Geschehens, und ob
er tatsächlich preußische
Wirkung haben wird, steht auch noch
in den Sternen.

VII

Aber wenn er gekommen sein wird,
der wirksame Impfstoff,
an alle verimpft, dann
geht es wieder richtig los, dann
wird wieder Geld gemacht, dann
brummt die Wirtschaft, dann
wird wieder herumgedüst, dann
wird weiter unsere Erde zerstört.

VIII

Immerhin war da im Januar
noch jener trampelige
Entertainer, der uns
jedenfalls ein paar Tage lang
von der eigenen Lage
ablenkte und sich überlegt hat, wie man
– und das muss sich ja wohl
auch vor Gericht durchsetzen lassen –
Krisen einfach durch
Ignorieren der Fakten
meistern können müsste.

IX

Solche Typen gibt es auch
hierzulande, die sich sehr verquer
benannt haben und auch so
benehmen.
Nun müsste man die eigentlich
nicht sonderlich ernst nehmen, weil
eine offene Gesellschaft
Spinner vertragen kann
– früher wären da Posten
als Hofnarren zu vergeben gewesen. Aber
die, die dahinter lauern, machen mir Angst
– viel mehr als das Coronavirus.
Mit der wenig plausiblen Einschränkerei
ohne jede, z.B. parlamentarische,
Kontrolle geben unsere Regierenden
diesen Leuten Instrumente

in die Hand, die die, wenn
sie einmal dürften, ganz anders
nützen würden, weil für die
das eigentliche Virus
Freiheit heißt.

IX

Leben mit dem Virus, wie
Leben mit dem Krebs, wie
Leben mit dem Wetter, wie
Leben mit den Nachbarn, wie
Leben mit der Familie, wie
Leben mit dem Tod, wie
Leben mit dir selbst – wie
sollte es denn anders gehen?

X

Viele hatten gehofft, dass
den Wissenschaftlern
endlich mehr Einfluss
auf politische Entscheidungen
zugesprochen wird.
Die Berichterstattung darüber freilich
und das merkwürdige
Überbordwerfen
basaler wissenschaftlicher Regeln
machen misstrauisch.

XI

Wenn aber, andrerseits, der Damm
zu brechen droht in einer Sturmflut,
wirft man alles hinein, was
vielleicht die Katastrophe
doch noch verhindern kann, und
denkt nicht darüber nach, ob
später Schafe wieder auf dem Damm
weiden können. Viele
kommen dabei ums Leben, aber
vielleicht hält der Damm, und dann
sind diese Menschen
nicht umsonst gestorben.

XII

Hoffnung macht, dass
der Frühling kommt. Die Vögel
zwitschern unermüdlich und
haschen einander aus
eindeutigen Gründen. Die
Forsythien, die Narzissen
beginnen zu blühen, Tulpen
sieht man aus dem Boden
sich drängen, das Grün
bricht aus den Zweigen.
Die jüngste Enkelin
beginnt zu laufen.
Es geht weiter
– ist das nicht wunderbar?

INHALT